DIESES BUCH GEHÖRT

DATUM: .... DAUER: ....

DAS HABE ICH TRAINIERT: ....

....

....

DAS KANN ICH NÄCHSTES MAL BESSER MACHEN:...............

....

....

DAS HAT MEIN TRAINER GESAGT: ....

....

....

NOTIZEN: ....

....

....

....

....

....

SO WAR MEIN PFERD HEUTE GELAUNT

....

SO WAR ICH HEUTE GELAUNT

....

GESAMTBEWERTUNG

....

DATUM: .... DAUER: ....

DAS HABE ICH TRAINIERT: ....

....

....

DAS KANN ICH NÄCHSTES MAL BESSER MACHEN: ....

....

....

DAS HAT MEIN TRAINER GESAGT: ....

....

....

NOTIZEN: ....

....

....

....

....

....

SO WAR MEIN PFERD HEUTE GELAUNT

....

SO WAR ICH HEUTE GELAUNT

....

GESAMTBEWERTUNG

....

DATUM: .... DAUER: ....

DAS HABE ICH TRAINIERT: ....

....

....

DAS KANN ICH NÄCHSTES MAL BESSER MACHEN: ....

....

....

DAS HAT MEIN TRAINER GESAGT: ....

....

....

NOTIZEN: ....

....

....

....

....

SO WAR MEIN PFERD HEUTE GELAUNT

....

SO WAR ICH HEUTE GELAUNT

....

GESAMTBEWERTUNG

....

DATUM: .... DAUER: ....

DAS HABE ICH TRAINIERT: ....

....

....

DAS KANN ICH NÄCHSTES MAL BESSER MACHEN: ....

....

....

DAS HAT MEIN TRAINER GESAGT: ....

....

....

NOTIZEN: ....

....

....

....

....

SO WAR MEIN PFERD HEUTE GELAUNT

....

SO WAR ICH HEUTE GELAUNT

....

GESAMTBEWERTUNG

....

DATUM: .... DAUER: ....

DAS HABE ICH TRAINIERT: ....
....
....

DAS KANN ICH NÄCHSTES MAL BESSER MACHEN: ....
....
....

DAS HAT MEIN TRAINER GESAGT: ....
....
....

NOTIZEN: ....
....
....
....
....

SO WAR MEIN PFERD HEUTE GELAUNT
....
SO WAR ICH HEUTE GELAUNT
....
GESAMTBEWERTUNG
....

DATUM: .... DAUER: ....

DAS HABE ICH TRAINIERT: ....
....
....

DAS KANN ICH NÄCHSTES MAL BESSER MACHEN: ....
....
....

DAS HAT MEIN TRAINER GESAGT: ....
....
....

NOTIZEN: ....
....
....
....
....
....

SO WAR MEIN PFERD HEUTE GELAUNT
....
SO WAR ICH HEUTE GELAUNT
....
GESAMTBEWERTUNG
....

DATUM: .... DAUER: ....

DAS HABE ICH TRAINIERT: ....

....

....

DAS KANN ICH NÄCHSTES MAL BESSER MACHEN: ....

....

....

DAS HAT MEIN TRAINER GESAGT: ....

....

....

NOTIZEN: ....

....

....

....

....

SO WAR MEIN PFERD HEUTE GELAUNT

....

SO WAR ICH HEUTE GELAUNT

....

GESAMTBEWERTUNG

....

DATUM: .... DAUER: ....

DAS HABE ICH TRAINIERT: ....

....

....

DAS KANN ICH NÄCHSTES MAL BESSER MACHEN: ....

....

....

DAS HAT MEIN TRAINER GESAGT: ....

....

....

NOTIZEN: ....

....

....

....

....

SO WAR MEIN PFERD HEUTE GELAUNT

....

SO WAR ICH HEUTE GELAUNT

....

GESAMTBEWERTUNG

....

DATUM: .... DAUER: ....

DAS HABE ICH TRAINIERT: ....

....

....

....

DAS KANN ICH NÄCHSTES MAL BESSER MACHEN: ....

....

....

....

DAS HAT MEIN TRAINER GESAGT: ....

....

....

NOTIZEN: ....

....

....

....

....

....

SO WAR MEIN PFERD HEUTE GELAUNT

....

SO WAR ICH HEUTE GELAUNT

....

GESAMTBEWERTUNG

....

DATUM: .... DAUER: ....

DAS HABE ICH TRAINIERT: ....
....
....

DAS KANN ICH NÄCHSTES MAL BESSER MACHEN: ....
....
....

DAS HAT MEIN TRAINER GESAGT: ....
....
....

NOTIZEN: ....
....
....
....
....
....

SO WAR MEIN PFERD HEUTE GELAUNT
....
SO WAR ICH HEUTE GELAUNT
....
GESAMTBEWERTUNG
....

DATUM: .... DAUER: ....

DAS HABE ICH TRAINIERT: ....

....

....

DAS KANN ICH NÄCHSTES MAL BESSER MACHEN: ....

....

....

DAS HAT MEIN TRAINER GESAGT: ....

....

....

NOTIZEN: ....

....

....

....

....

SO WAR MEIN PFERD HEUTE GELAUNT

....

SO WAR ICH HEUTE GELAUNT

....

GESAMTBEWERTUNG

....

DATUM: .... DAUER: ....

DAS HABE ICH TRAINIERT: ....

....

....

DAS KANN ICH NÄCHSTES MAL BESSER MACHEN: ....

....

....

DAS HAT MEIN TRAINER GESAGT: ....

....

....

NOTIZEN: ....

....

....

....

....

SO WAR MEIN PFERD HEUTE GELAUNT

....

SO WAR ICH HEUTE GELAUNT

....

GESAMTBEWERTUNG

....

DATUM: .... DAUER: ....

DAS HABE ICH TRAINIERT: ....
....
....

DAS KANN ICH NÄCHSTES MAL BESSER MACHEN: ....
....
....

DAS HAT MEIN TRAINER GESAGT: ....
....
....

NOTIZEN: ....
....
....
....
....

SO WAR MEIN PFERD HEUTE GELAUNT
....
SO WAR ICH HEUTE GELAUNT
....
GESAMTBEWERTUNG
....

DATUM: .... DAUER: ....

DAS HABE ICH TRAINIERT: ....
....
....

DAS KANN ICH NÄCHSTES MAL BESSER MACHEN: ....
....
....

DAS HAT MEIN TRAINER GESAGT: ....
....
....

NOTIZEN: ....
....
....
....
....

SO WAR MEIN PFERD HEUTE GELAUNT
....
SO WAR ICH HEUTE GELAUNT
....
GESAMTBEWERTUNG
....

DATUM: .... DAUER: ....

DAS HABE ICH TRAINIERT: ....

....

....

....

DAS KANN ICH NÄCHSTES MAL BESSER MACHEN: ....

....

....

....

DAS HAT MEIN TRAINER GESAGT: ....

....

....

....

NOTIZEN: ....

....

....

....

....

SO WAR MEIN PFERD HEUTE GELAUNT

....

SO WAR ICH HEUTE GELAUNT

....

GESAMTBEWERTUNG

....

DATUM: .... DAUER: ....

DAS HABE ICH TRAINIERT: ....
....
....

DAS KANN ICH NÄCHSTES MAL BESSER MACHEN: ....
....
....

DAS HAT MEIN TRAINER GESAGT: ....
....
....

NOTIZEN: ....
....
....
....
....

SO WAR MEIN PFERD HEUTE GELAUNT
....

SO WAR ICH HEUTE GELAUNT
....

GESAMTBEWERTUNG
....

DATUM: .... DAUER: ....

DAS HABE ICH TRAINIERT: ....

....

....

DAS KANN ICH NÄCHSTES MAL BESSER MACHEN: ....

....

....

DAS HAT MEIN TRAINER GESAGT: ....

....

....

NOTIZEN: ....

....

....

....

....

....

SO WAR MEIN PFERD HEUTE GELAUNT
....
SO WAR ICH HEUTE GELAUNT
....
GESAMTBEWERTUNG
....

DATUM: .... DAUER: ....

DAS HABE ICH TRAINIERT: ....
....
....

DAS KANN ICH NÄCHSTES MAL BESSER MACHEN: ....
....
....

DAS HAT MEIN TRAINER GESAGT: ....
....
....

NOTIZEN: ....
....
....
....
....

SO WAR MEIN PFERD HEUTE GELAUNT
....
SO WAR ICH HEUTE GELAUNT
....
GESAMTBEWERTUNG
....

DATUM: .... DAUER: ....

DAS HABE ICH TRAINIERT: ....

....

....

DAS KANN ICH NÄCHSTES MAL BESSER MACHEN: ....

....

....

DAS HAT MEIN TRAINER GESAGT: ....

....

....

NOTIZEN: ....

....

....

....

....

SO WAR MEIN PFERD HEUTE GELAUNT

....

SO WAR ICH HEUTE GELAUNT

....

GESAMTBEWERTUNG

....

DATUM: ....   DAUER: ....

DAS HABE ICH TRAINIERT: ....

....

....

DAS KANN ICH NÄCHSTES MAL BESSER MACHEN: ....

....

....

DAS HAT MEIN TRAINER GESAGT: ....

....

....

NOTIZEN: ....

....

....

....

....

SO WAR MEIN PFERD HEUTE GELAUNT

....

SO WAR ICH HEUTE GELAUNT

....

GESAMTBEWERTUNG

....

DATUM: ....   DAUER: ....

DAS HABE ICH TRAINIERT: ....

....

....

DAS KANN ICH NÄCHSTES MAL BESSER MACHEN: ....

....

....

DAS HAT MEIN TRAINER GESAGT: ....

....

....

NOTIZEN: ....

....

....

....

....

SO WAR MEIN PFERD HEUTE GELAUNT

....

SO WAR ICH HEUTE GELAUNT

....

GESAMTBEWERTUNG

....

DATUM: .... DAUER: ....

DAS HABE ICH TRAINIERT: ....

....

....

DAS KANN ICH NÄCHSTES MAL BESSER MACHEN:.............................

....

....

DAS HAT MEIN TRAINER GESAGT:...

....

....

NOTIZEN:..

....

....

....

....

SO WAR MEIN PFERD HEUTE GELAUNT

....

SO WAR ICH HEUTE GELAUNT

....

GESAMTBEWERTUNG

....

DATUM: .... DAUER: ....

DAS HABE ICH TRAINIERT: ....

....

....

DAS KANN ICH NÄCHSTES MAL BESSER MACHEN: ....

....

....

DAS HAT MEIN TRAINER GESAGT: ....

....

....

NOTIZEN: ....

....

....

....

....

SO WAR MEIN PFERD HEUTE GELAUNT

....

SO WAR ICH HEUTE GELAUNT

....

GESAMTBEWERTUNG

....

DATUM: .... DAUER: ....

DAS HABE ICH TRAINIERT: ....

....

....

DAS KANN ICH NÄCHSTES MAL BESSER MACHEN: ....

....

....

DAS HAT MEIN TRAINER GESAGT: ....

....

....

NOTIZEN: ....

....

....

....

....

SO WAR MEIN PFERD HEUTE GELAUNT

....

SO WAR ICH HEUTE GELAUNT

....

GESAMTBEWERTUNG

....

DATUM: .... DAUER: ....

DAS HABE ICH TRAINIERT: ....

....

....

DAS KANN ICH NÄCHSTES MAL BESSER MACHEN: ....

....

....

DAS HAT MEIN TRAINER GESAGT: ....

....

....

NOTIZEN: ....

....

....

....

....

SO WAR MEIN PFERD HEUTE GELAUNT

....

SO WAR ICH HEUTE GELAUNT

....

GESAMTBEWERTUNG

....

DATUM: .... DAUER: ....

DAS HABE ICH TRAINIERT: ....

....

....

DAS KANN ICH NÄCHSTES MAL BESSER MACHEN: ....

....

....

DAS HAT MEIN TRAINER GESAGT: ....

....

....

NOTIZEN: ....

....

....

....

....

SO WAR MEIN PFERD HEUTE GELAUNT

....

SO WAR ICH HEUTE GELAUNT

....

GESAMTBEWERTUNG

....

DATUM: .... DAUER: ....

DAS HABE ICH TRAINIERT: ....
....
....
....

DAS KANN ICH NÄCHSTES MAL BESSER MACHEN: ....
....
....
....

DAS HAT MEIN TRAINER GESAGT: ....
....
....
....

NOTIZEN: ....
....
....
....
....

SO WAR MEIN PFERD HEUTE GELAUNT
....
SO WAR ICH HEUTE GELAUNT
....
GESAMTBEWERTUNG
....

DATUM: .... DAUER: ....

DAS HABE ICH TRAINIERT: ....
....
....

DAS KANN ICH NÄCHSTES MAL BESSER MACHEN: ....
....
....

DAS HAT MEIN TRAINER GESAGT: ....
....
....

NOTIZEN: ....
....
....
....
....

SO WAR MEIN PFERD HEUTE GELAUNT
....

SO WAR ICH HEUTE GELAUNT
....

GESAMTBEWERTUNG
....

DATUM: .... DAUER: ....

DAS HABE ICH TRAINIERT: ....

....

....

DAS KANN ICH NÄCHSTES MAL BESSER MACHEN: ....

....

....

DAS HAT MEIN TRAINER GESAGT: ....

....

....

NOTIZEN: ....

....

....

....

....

....

SO WAR MEIN PFERD HEUTE GELAUNT

....

SO WAR ICH HEUTE GELAUNT

....

GESAMTBEWERTUNG

....

DATUM: DAUER:

DAS HABE ICH TRAINIERT:

DAS KANN ICH NÄCHSTES MAL BESSER MACHEN:

DAS HAT MEIN TRAINER GESAGT:

NOTIZEN:

SO WAR MEIN PFERD HEUTE GELAUNT

SO WAR ICH HEUTE GELAUNT

GESAMTBEWERTUNG

DATUM: DAUER:

DAS HABE ICH TRAINIERT:

DAS KANN ICH NÄCHSTES MAL BESSER MACHEN:

DAS HAT MEIN TRAINER GESAGT:

NOTIZEN:

SO WAR MEIN PFERD HEUTE GELAUNT

SO WAR ICH HEUTE GELAUNT

GESAMTBEWERTUNG

DATUM: .... DAUER: ....

DAS HABE ICH TRAINIERT: ....

....

....

DAS KANN ICH NÄCHSTES MAL BESSER MACHEN: ....

....

....

DAS HAT MEIN TRAINER GESAGT: ....

....

....

NOTIZEN: ....

....

....

....

....

SO WAR MEIN PFERD HEUTE GELAUNT

....

SO WAR ICH HEUTE GELAUNT

....

GESAMTBEWERTUNG

....

DATUM: ....   DAUER: ....

DAS HABE ICH TRAINIERT: ....

....

....

....

DAS KANN ICH NÄCHSTES MAL BESSER MACHEN: ....

....

....

....

DAS HAT MEIN TRAINER GESAGT: ....

....

....

....

NOTIZEN: ....

....

....

....

....

....

SO WAR MEIN PFERD HEUTE GELAUNT

....

SO WAR ICH HEUTE GELAUNT

....

GESAMTBEWERTUNG

....

DATUM: .... DAUER: ....

DAS HABE ICH TRAINIERT: ....

....

....

DAS KANN ICH NÄCHSTES MAL BESSER MACHEN: ....

....

....

DAS HAT MEIN TRAINER GESAGT: ....

....

....

NOTIZEN: ....

....

....

....

....

SO WAR MEIN PFERD HEUTE GELAUNT

....

SO WAR ICH HEUTE GELAUNT

....

GESAMTBEWERTUNG

....

DATUM: .... DAUER: ....

DAS HABE ICH TRAINIERT: ....

....

....

DAS KANN ICH NÄCHSTES MAL BESSER MACHEN: ....

....

....

DAS HAT MEIN TRAINER GESAGT: ....

....

....

NOTIZEN: ....

....

....

....

....

SO WAR MEIN PFERD HEUTE GELAUNT

....

SO WAR ICH HEUTE GELAUNT

....

GESAMTBEWERTUNG

....

DATUM: .... DAUER: ....

DAS HABE ICH TRAINIERT: ....

....

....

DAS KANN ICH NÄCHSTES MAL BESSER MACHEN: ....

....

....

DAS HAT MEIN TRAINER GESAGT: ....

....

....

NOTIZEN: ....

....

....

....

....

SO WAR MEIN PFERD HEUTE GELAUNT

....
SO WAR ICH HEUTE GELAUNT

....
GESAMTBEWERTUNG

....

DATUM: .... DAUER: ....

DAS HABE ICH TRAINIERT: ....

....

....

DAS KANN ICH NÄCHSTES MAL BESSER MACHEN: ....

....

....

DAS HAT MEIN TRAINER GESAGT: ....

....

....

NOTIZEN: ....

....

....

....

....

SO WAR MEIN PFERD HEUTE GELAUNT
....
SO WAR ICH HEUTE GELAUNT
....
GESAMTBEWERTUNG

....

DATUM: .... DAUER: ....

DAS HABE ICH TRAINIERT: ....
....
....

DAS KANN ICH NÄCHSTES MAL BESSER MACHEN: ....
....
....

DAS HAT MEIN TRAINER GESAGT: ....
....
....

NOTIZEN: ....
....
....
....
....
....

SO WAR MEIN PFERD HEUTE GELAUNT
....
SO WAR ICH HEUTE GELAUNT
....
GESAMTBEWERTUNG
....

DATUM: .... DAUER: ....

DAS HABE ICH TRAINIERT: ....

....

....

DAS KANN ICH NÄCHSTES MAL BESSER MACHEN: ....

....

....

DAS HAT MEIN TRAINER GESAGT: ....

....

....

NOTIZEN: ....

....

....

....

....

SO WAR MEIN PFERD HEUTE GELAUNT
....
SO WAR ICH HEUTE GELAUNT
....
GESAMTBEWERTUNG
....

DATUM: .... DAUER: ....

DAS HABE ICH TRAINIERT: ....

....

....

DAS KANN ICH NÄCHSTES MAL BESSER MACHEN: ....

....

....

DAS HAT MEIN TRAINER GESAGT: ....

....

....

NOTIZEN: ....

....

....

....

....

SO WAR MEIN PFERD HEUTE GELAUNT

SO WAR ICH HEUTE GELAUNT

GESAMTBEWERTUNG

DATUM: .... DAUER: ....

DAS HABE ICH TRAINIERT: ....
....
....

DAS KANN ICH NÄCHSTES MAL BESSER MACHEN: ....
....
....

DAS HAT MEIN TRAINER GESAGT: ....
....
....

NOTIZEN: ....
....
....
....
....
....

SO WAR MEIN PFERD HEUTE GELAUNT
....
SO WAR ICH HEUTE GELAUNT
....
GESAMTBEWERTUNG
....

DATUM: .... DAUER: ....

DAS HABE ICH TRAINIERT: ....

....

....

DAS KANN ICH NÄCHSTES MAL BESSER MACHEN: ....

....

....

DAS HAT MEIN TRAINER GESAGT: ....

....

....

NOTIZEN: ....

....

....

....

....

SO WAR MEIN PFERD HEUTE GELAUNT

....

SO WAR ICH HEUTE GELAUNT

....

GESAMTBEWERTUNG

....

DATUM: .... DAUER: ....

DAS HABE ICH TRAINIERT: ....
....
....

DAS KANN ICH NÄCHSTES MAL BESSER MACHEN: ....
....
....

DAS HAT MEIN TRAINER GESAGT: ....
....
....

NOTIZEN: ....
....
....
....
....

SO WAR MEIN PFERD HEUTE GELAUNT
....

SO WAR ICH HEUTE GELAUNT
....

GESAMTBEWERTUNG
....

DATUM: .... DAUER: ....

DAS HABE ICH TRAINIERT: ....

....

....

DAS KANN ICH NÄCHSTES MAL BESSER MACHEN: ....

....

....

DAS HAT MEIN TRAINER GESAGT: ....

....

....

NOTIZEN: ....

....

....

....

....

....

SO WAR MEIN PFERD HEUTE GELAUNT

....

SO WAR ICH HEUTE GELAUNT

....

GESAMTBEWERTUNG

....

DATUM: .... DAUER: ....

DAS HABE ICH TRAINIERT:

....

....

....

DAS KANN ICH NÄCHSTES MAL BESSER MACHEN:

....

....

....

DAS HAT MEIN TRAINER GESAGT:

....

....

....

NOTIZEN:

....

....

....

....

....

SO WAR MEIN PFERD HEUTE GELAUNT

....

SO WAR ICH HEUTE GELAUNT

....

GESAMTBEWERTUNG

....

DATUM: .... DAUER: ....

DAS HABE ICH TRAINIERT: ....
....
....

DAS KANN ICH NÄCHSTES MAL BESSER MACHEN: ....
....
....

DAS HAT MEIN TRAINER GESAGT: ....
....
....

NOTIZEN: ....
....
....
....
....

SO WAR MEIN PFERD HEUTE GELAUNT
....
SO WAR ICH HEUTE GELAUNT
....
GESAMTBEWERTUNG
....

DATUM: .... DAUER: ....

DAS HABE ICH TRAINIERT: ....

....

....

DAS KANN ICH NÄCHSTES MAL BESSER MACHEN: ....

....

....

DAS HAT MEIN TRAINER GESAGT: ....

....

....

NOTIZEN: ....

....

....

....

....

....

SO WAR MEIN PFERD HEUTE GELAUNT

....

SO WAR ICH HEUTE GELAUNT

....

GESAMTBEWERTUNG

....

DATUM: .... DAUER: ....

DAS HABE ICH TRAINIERT: ....
....
....

DAS KANN ICH NÄCHSTES MAL BESSER MACHEN:..............................
....
....

DAS HAT MEIN TRAINER GESAGT: ....
....
....

NOTIZEN: ....
....
....
....
....

SO WAR MEIN PFERD HEUTE GELAUNT
....
SO WAR ICH HEUTE GELAUNT
....
GESAMTBEWERTUNG
....

DATUM: .... DAUER: ....

DAS HABE ICH TRAINIERT: ....

....

....

DAS KANN ICH NÄCHSTES MAL BESSER MACHEN: ....

....

....

DAS HAT MEIN TRAINER GESAGT: ....

....

....

NOTIZEN: ....

....

....

....

....

....

SO WAR MEIN PFERD HEUTE GELAUNT

SO WAR ICH HEUTE GELAUNT

GESAMTBEWERTUNG

DATUM: .... DAUER: ....

DAS HABE ICH TRAINIERT: ....

....

....

DAS KANN ICH NÄCHSTES MAL BESSER MACHEN: ....

....

....

DAS HAT MEIN TRAINER GESAGT: ....

....

....

NOTIZEN: ....

....

....

....

....

....

SO WAR MEIN PFERD HEUTE GELAUNT

....

SO WAR ICH HEUTE GELAUNT

....

GESAMTBEWERTUNG

....

DATUM: .... DAUER: ....

DAS HABE ICH TRAINIERT: ....

....

....

DAS KANN ICH NÄCHSTES MAL BESSER MACHEN: ....

....

....

DAS HAT MEIN TRAINER GESAGT: ....

....

....

NOTIZEN: ....

....

....

....

....

SO WAR MEIN PFERD HEUTE GELAUNT

....

SO WAR ICH HEUTE GELAUNT

....

GESAMTBEWERTUNG

....

DATUM: .... DAUER: ....

DAS HABE ICH TRAINIERT: ....

....

....

DAS KANN ICH NÄCHSTES MAL BESSER MACHEN: ....

....

....

DAS HAT MEIN TRAINER GESAGT: ....

....

....

NOTIZEN: ....

....

....

....

....

....

SO WAR MEIN PFERD HEUTE GELAUNT

....

SO WAR ICH HEUTE GELAUNT

....

GESAMTBEWERTUNG

....

DATUM: .... DAUER: ....

DAS HABE ICH TRAINIERT: ....

....

....

DAS KANN ICH NÄCHSTES MAL BESSER MACHEN: ....

....

....

DAS HAT MEIN TRAINER GESAGT: ....

....

....

NOTIZEN: ....

....

....

....

....

SO WAR MEIN PFERD HEUTE GELAUNT

....

SO WAR ICH HEUTE GELAUNT

....

GESAMTBEWERTUNG

....

DATUM: .... DAUER: ....

DAS HABE ICH TRAINIERT: ....

....

....

DAS KANN ICH NÄCHSTES MAL BESSER MACHEN: ....

....

....

DAS HAT MEIN TRAINER GESAGT: ....

....

....

NOTIZEN: ....

....

....

....

....

....

SO WAR MEIN PFERD HEUTE GELAUNT

....

SO WAR ICH HEUTE GELAUNT

....

GESAMTBEWERTUNG

....

DATUM: .... DAUER: ....

DAS HABE ICH TRAINIERT: ....

....

....

DAS KANN ICH NÄCHSTES MAL BESSER MACHEN: ....

....

....

DAS HAT MEIN TRAINER GESAGT: ....

....

....

NOTIZEN: ....

....

....

....

....

SO WAR MEIN PFERD HEUTE GELAUNT
....
SO WAR ICH HEUTE GELAUNT
....
GESAMTBEWERTUNG

....

DATUM:................................... DAUER: ....

DAS HABE ICH TRAINIERT: ....

....

....

DAS KANN ICH NÄCHSTES MAL BESSER MACHEN:.....................

....

....

DAS HAT MEIN TRAINER GESAGT:...

....

....

NOTIZEN:..

....

....

....

....

SO WAR MEIN PFERD HEUTE GELAUNT

....

SO WAR ICH HEUTE GELAUNT

....

GESAMTBEWERTUNG

....

DATUM: .... DAUER: ....

DAS HABE ICH TRAINIERT: ....

....

....

DAS KANN ICH NÄCHSTES MAL BESSER MACHEN: ....

....

....

DAS HAT MEIN TRAINER GESAGT: ....

....

....

NOTIZEN: ....

....

....

....

....

SO WAR MEIN PFERD HEUTE GELAUNT
....
SO WAR ICH HEUTE GELAUNT
....
GESAMTBEWERTUNG
....

DATUM: .... DAUER: ....

DAS HABE ICH TRAINIERT: ....
....
....

DAS KANN ICH NÄCHSTES MAL BESSER MACHEN: ....
....
....

DAS HAT MEIN TRAINER GESAGT: ....
....
....

NOTIZEN: ....
....
....
....
....
....

SO WAR MEIN PFERD HEUTE GELAUNT
....
SO WAR ICH HEUTE GELAUNT
....
GESAMTBEWERTUNG
....

DATUM: .... DAUER: ....

DAS HABE ICH TRAINIERT: ....

....

....

DAS KANN ICH NÄCHSTES MAL BESSER MACHEN: ....

....

....

DAS HAT MEIN TRAINER GESAGT: ....

....

....

NOTIZEN: ....

....

....

....

....

SO WAR MEIN PFERD HEUTE GELAUNT

....

SO WAR ICH HEUTE GELAUNT

....

GESAMTBEWERTUNG

....

DATUM: .... DAUER: ....

DAS HABE ICH TRAINIERT: ....

....

....

DAS KANN ICH NÄCHSTES MAL BESSER MACHEN: ....

....

....

DAS HAT MEIN TRAINER GESAGT: ....

....

....

NOTIZEN: ....

....

....

....

....

SO WAR MEIN PFERD HEUTE GELAUNT

....

SO WAR ICH HEUTE GELAUNT

....

GESAMTBEWERTUNG

....

DATUM: .... DAUER: ....

DAS HABE ICH TRAINIERT:
....
....
....

DAS KANN ICH NÄCHSTES MAL BESSER MACHEN: ....
....
....
....

DAS HAT MEIN TRAINER GESAGT: ....
....
....
....

NOTIZEN: ....
....
....
....
....
....

SO WAR MEIN PFERD HEUTE GELAUNT
....

SO WAR ICH HEUTE GELAUNT
....

GESAMTBEWERTUNG
....

DATUM: .... DAUER: ....

DAS HABE ICH TRAINIERT: ....
....
....

DAS KANN ICH NÄCHSTES MAL BESSER MACHEN: ....
....
....

DAS HAT MEIN TRAINER GESAGT: ....
....
....

NOTIZEN: ....
....
....
....
....

SO WAR MEIN PFERD HEUTE GELAUNT
....

SO WAR ICH HEUTE GELAUNT
....

GESAMTBEWERTUNG
....

DATUM: .... DAUER: ....

DAS HABE ICH TRAINIERT: ....

....

....

DAS KANN ICH NÄCHSTES MAL BESSER MACHEN: ....

....

....

DAS HAT MEIN TRAINER GESAGT: ....

....

....

NOTIZEN: ....

....

....

....

....

SO WAR MEIN PFERD HEUTE GELAUNT

....

SO WAR ICH HEUTE GELAUNT

....

GESAMTBEWERTUNG

....

DATUM: ....   DAUER: ....

DAS HABE ICH TRAINIERT: ....

....

....

DAS KANN ICH NÄCHSTES MAL BESSER MACHEN: ....

....

....

DAS HAT MEIN TRAINER GESAGT: ....

....

....

NOTIZEN: ....

....

....

....

....

SO WAR MEIN PFERD HEUTE GELAUNT

....

SO WAR ICH HEUTE GELAUNT

....

GESAMTBEWERTUNG

....

DATUM: DAUER:

DAS HABE ICH TRAINIERT:

DAS KANN ICH NÄCHSTES MAL BESSER MACHEN:

DAS HAT MEIN TRAINER GESAGT:

NOTIZEN:

SO WAR MEIN PFERD HEUTE GELAUNT

SO WAR ICH HEUTE GELAUNT

GESAMTBEWERTUNG

DATUM: DAUER:

DAS HABE ICH TRAINIERT:

DAS KANN ICH NÄCHSTES MAL BESSER MACHEN:

DAS HAT MEIN TRAINER GESAGT:

NOTIZEN:

SO WAR MEIN PFERD HEUTE GELAUNT

SO WAR ICH HEUTE GELAUNT

GESAMTBEWERTUNG

DATUM: .... DAUER: ....

DAS HABE ICH TRAINIERT: ....

....

....

DAS KANN ICH NÄCHSTES MAL BESSER MACHEN: ....

....

....

DAS HAT MEIN TRAINER GESAGT: ....

....

....

NOTIZEN: ....

....

....

....

....

SO WAR MEIN PFERD HEUTE GELAUNT

....

SO WAR ICH HEUTE GELAUNT

....

GESAMTBEWERTUNG

....

DATUM: .... DAUER: ....

DAS HABE ICH TRAINIERT:
....

....

....

DAS KANN ICH NÄCHSTES MAL BESSER MACHEN: ....

....

....

DAS HAT MEIN TRAINER GESAGT: ....

....

....

NOTIZEN: ....

....

....

....

....

SO WAR MEIN PFERD HEUTE GELAUNT
....

SO WAR ICH HEUTE GELAUNT
....

GESAMTBEWERTUNG

....

DATUM: .... DAUER: ....

DAS HABE ICH TRAINIERT: ....

....

....

DAS KANN ICH NÄCHSTES MAL BESSER MACHEN: ....

....

....

DAS HAT MEIN TRAINER GESAGT: ....

....

....

NOTIZEN: ....

....

....

....

....

SO WAR MEIN PFERD HEUTE GELAUNT

....

SO WAR ICH HEUTE GELAUNT

....

GESAMTBEWERTUNG

....

DATUM: .... DAUER: ....

DAS HABE ICH TRAINIERT: ....

....

....

DAS KANN ICH NÄCHSTES MAL BESSER MACHEN: ....

....

....

DAS HAT MEIN TRAINER GESAGT: ....

....

....

NOTIZEN: ....

....

....

....

....

....

SO WAR MEIN PFERD HEUTE GELAUNT

....

SO WAR ICH HEUTE GELAUNT

....

GESAMTBEWERTUNG

....

DATUM: .... DAUER: ....

DAS HABE ICH TRAINIERT: ....

....

....

DAS KANN ICH NÄCHSTES MAL BESSER MACHEN: ....

....

....

DAS HAT MEIN TRAINER GESAGT: ....

....

....

NOTIZEN: ....

....

....

....

....

SO WAR MEIN PFERD HEUTE GELAUNT
....
SO WAR ICH HEUTE GELAUNT
....
GESAMTBEWERTUNG

....

DATUM: .... DAUER: ....

DAS HABE ICH TRAINIERT: ....

....

....

DAS KANN ICH NÄCHSTES MAL BESSER MACHEN: ....

....

....

DAS HAT MEIN TRAINER GESAGT: ....

....

....

NOTIZEN: ....

....

....

....

....

SO WAR MEIN PFERD HEUTE GELAUNT

....

SO WAR ICH HEUTE GELAUNT

....

GESAMTBEWERTUNG

....

DATUM: .... DAUER: ....

DAS HABE ICH TRAINIERT: ....

....

....

DAS KANN ICH NÄCHSTES MAL BESSER MACHEN: ....

....

....

DAS HAT MEIN TRAINER GESAGT: ....

....

....

NOTIZEN: ....

....

....

....

....

SO WAR MEIN PFERD HEUTE GELAUNT

....

SO WAR ICH HEUTE GELAUNT

....

GESAMTBEWERTUNG

....

DATUM: .... DAUER: ....

DAS HABE ICH TRAINIERT: ....
....
....

DAS KANN ICH NÄCHSTES MAL BESSER MACHEN: ....
....
....

DAS HAT MEIN TRAINER GESAGT: ....
....
....

NOTIZEN: ....
....
....
....
....
....

SO WAR MEIN PFERD HEUTE GELAUNT
....
SO WAR ICH HEUTE GELAUNT
....
GESAMTBEWERTUNG
....

DATUM: DAUER:

DAS HABE ICH TRAINIERT:

DAS KANN ICH NÄCHSTES MAL BESSER MACHEN:

DAS HAT MEIN TRAINER GESAGT:

NOTIZEN:

SO WAR MEIN PFERD HEUTE GELAUNT

SO WAR ICH HEUTE GELAUNT

GESAMTBEWERTUNG

DATUM: .... DAUER: ....

DAS HABE ICH TRAINIERT: ....
....
....

DAS KANN ICH NÄCHSTES MAL BESSER MACHEN: ....
....
....

DAS HAT MEIN TRAINER GESAGT: ....
....
....

NOTIZEN: ....
....
....
....
....

SO WAR MEIN PFERD HEUTE GELAUNT
....
SO WAR ICH HEUTE GELAUNT
....
GESAMTBEWERTUNG
....

DATUM: .... DAUER: ....

DAS HABE ICH TRAINIERT: ....

....

....

DAS KANN ICH NÄCHSTES MAL BESSER MACHEN:......................

....

....

DAS HAT MEIN TRAINER GESAGT: ....

....

....

NOTIZEN: ....

....

....

....

....

SO WAR MEIN PFERD HEUTE GELAUNT

....

SO WAR ICH HEUTE GELAUNT

....

GESAMTBEWERTUNG

....

DATUM: .... DAUER: ....

DAS HABE ICH TRAINIERT: ....

....

....

DAS KANN ICH NÄCHSTES MAL BESSER MACHEN: ....

....

....

DAS HAT MEIN TRAINER GESAGT: ....

....

....

NOTIZEN: ....

....

....

....

....

SO WAR MEIN PFERD HEUTE GELAUNT

....

SO WAR ICH HEUTE GELAUNT

....

GESAMTBEWERTUNG

....

DATUM: .... DAUER: ....

DAS HABE ICH TRAINIERT: ....

....

....

DAS KANN ICH NÄCHSTES MAL BESSER MACHEN: ....

....

....

DAS HAT MEIN TRAINER GESAGT: ....

....

....

NOTIZEN: ....

....

....

....

....

SO WAR MEIN PFERD HEUTE GELAUNT
....

SO WAR ICH HEUTE GELAUNT
....

GESAMTBEWERTUNG
....

DATUM: .... DAUER: ....

DAS HABE ICH TRAINIERT: ....
....
....
....

DAS KANN ICH NÄCHSTES MAL BESSER MACHEN: ....
....
....
....

DAS HAT MEIN TRAINER GESAGT: ....
....
....
....

NOTIZEN: ....
....
....
....
....
....

SO WAR MEIN PFERD HEUTE GELAUNT
....
SO WAR ICH HEUTE GELAUNT
....
GESAMTBEWERTUNG
....

DATUM: .... DAUER: ....

DAS HABE ICH TRAINIERT: ....
....
....
....

DAS KANN ICH NÄCHSTES MAL BESSER MACHEN: ....
....
....
....

DAS HAT MEIN TRAINER GESAGT: ....
....
....
....

NOTIZEN: ....
....
....
....
....

SO WAR MEIN PFERD HEUTE GELAUNT
....
SO WAR ICH HEUTE GELAUNT
....
GESAMTBEWERTUNG
....

DATUM: .... DAUER: ....

DAS HABE ICH TRAINIERT: ....
....
....

DAS KANN ICH NÄCHSTES MAL BESSER MACHEN: ....
....
....

DAS HAT MEIN TRAINER GESAGT: ....
....
....

NOTIZEN: ....
....
....
....
....

SO WAR MEIN PFERD HEUTE GELAUNT
....
SO WAR ICH HEUTE GELAUNT
....
GESAMTBEWERTUNG
....

DATUM: .... DAUER: ....

DAS HABE ICH TRAINIERT: ....
....
....

DAS KANN ICH NÄCHSTES MAL BESSER MACHEN: ....
....
....

DAS HAT MEIN TRAINER GESAGT: ....
....
....

NOTIZEN: ....
....
....
....
....

SO WAR MEIN PFERD HEUTE GELAUNT
....
SO WAR ICH HEUTE GELAUNT
....
GESAMTBEWERTUNG
....

DATUM: DAUER:

DAS HABE ICH TRAINIERT:

DAS KANN ICH NÄCHSTES MAL BESSER MACHEN:

DAS HAT MEIN TRAINER GESAGT:

NOTIZEN:

SO WAR MEIN PFERD HEUTE GELAUNT

SO WAR ICH HEUTE GELAUNT

GESAMTBEWERTUNG

DATUM: .... DAUER: ....

DAS HABE ICH TRAINIERT: ....
....
....

DAS KANN ICH NÄCHSTES MAL BESSER MACHEN: ....
....
....

DAS HAT MEIN TRAINER GESAGT: ....
....
....

NOTIZEN: ....
....
....
....
....

SO WAR MEIN PFERD HEUTE GELAUNT
....
SO WAR ICH HEUTE GELAUNT
....
GESAMTBEWERTUNG
....

DATUM: .... DAUER: ....

DAS HABE ICH TRAINIERT: ....

....

....

DAS KANN ICH NÄCHSTES MAL BESSER MACHEN: ....

....

....

DAS HAT MEIN TRAINER GESAGT: ....

....

....

NOTIZEN: ....

....

....

....

....

....

SO WAR MEIN PFERD HEUTE GELAUNT

....

SO WAR ICH HEUTE GELAUNT

....

GESAMTBEWERTUNG

....

DATUM: DAUER:

DAS HABE ICH TRAINIERT:

DAS KANN ICH NÄCHSTES MAL BESSER MACHEN:

DAS HAT MEIN TRAINER GESAGT:

NOTIZEN:

SO WAR MEIN PFERD HEUTE GELAUNT

SO WAR ICH HEUTE GELAUNT

GESAMTBEWERTUNG

DATUM: .... DAUER: ....

DAS HABE ICH TRAINIERT: ....

....

....

DAS KANN ICH NÄCHSTES MAL BESSER MACHEN: ....

....

....

DAS HAT MEIN TRAINER GESAGT: ....

....

....

NOTIZEN: ....

....

....

....

....

SO WAR MEIN PFERD HEUTE GELAUNT

....

SO WAR ICH HEUTE GELAUNT

....

GESAMTBEWERTUNG

....

DATUM: .... DAUER: ....

DAS HABE ICH TRAINIERT: ....
....
....

DAS KANN ICH NÄCHSTES MAL BESSER MACHEN: ....
....
....

DAS HAT MEIN TRAINER GESAGT: ....
....
....

NOTIZEN: ....
....
....
....
....

SO WAR MEIN PFERD HEUTE GELAUNT
....

SO WAR ICH HEUTE GELAUNT
....

GESAMTBEWERTUNG
....

DATUM: .... DAUER: ....

DAS HABE ICH TRAINIERT: ....

....

....

DAS KANN ICH NÄCHSTES MAL BESSER MACHEN: ....

....

....

DAS HAT MEIN TRAINER GESAGT: ....

....

....

NOTIZEN: ....

....

....

....

....

SO WAR MEIN PFERD HEUTE GELAUNT

....

SO WAR ICH HEUTE GELAUNT

....

GESAMTBEWERTUNG

....

DATUM: .... DAUER: ....

DAS HABE ICH TRAINIERT: ....

....

....

DAS KANN ICH NÄCHSTES MAL BESSER MACHEN:..................

....

....

DAS HAT MEIN TRAINER GESAGT:...

....

....

NOTIZEN:...

....

....

....

....

....

SO WAR MEIN PFERD HEUTE GELAUNT

....

SO WAR ICH HEUTE GELAUNT

....

GESAMTBEWERTUNG

....

DATUM: .... DAUER: ....

DAS HABE ICH TRAINIERT: ....

....

....

DAS KANN ICH NÄCHSTES MAL BESSER MACHEN: ....

....

....

DAS HAT MEIN TRAINER GESAGT: ....

....

....

NOTIZEN: ....

....

....

....

....

SO WAR MEIN PFERD HEUTE GELAUNT

....

SO WAR ICH HEUTE GELAUNT

....

GESAMTBEWERTUNG

....

DATUM: .... DAUER: ....

DAS HABE ICH TRAINIERT: ....

....

....

DAS KANN ICH NÄCHSTES MAL BESSER MACHEN: ....

....

....

DAS HAT MEIN TRAINER GESAGT: ....

....

....

NOTIZEN: ....

....

....

....

....

SO WAR MEIN PFERD HEUTE GELAUNT
....
SO WAR ICH HEUTE GELAUNT
....
GESAMTBEWERTUNG
....

DATUM: .... DAUER: ....

DAS HABE ICH TRAINIERT: ....

....

....

DAS KANN ICH NÄCHSTES MAL BESSER MACHEN: ....

....

....

DAS HAT MEIN TRAINER GESAGT: ....

....

....

NOTIZEN: ....

....

....

....

....

....

SO WAR MEIN PFERD HEUTE GELAUNT

....

SO WAR ICH HEUTE GELAUNT

....

GESAMTBEWERTUNG

....

DATUM: .... DAUER: ....

DAS HABE ICH TRAINIERT: ....

....

....

DAS KANN ICH NÄCHSTES MAL BESSER MACHEN: ....

....

....

DAS HAT MEIN TRAINER GESAGT: ....

....

....

NOTIZEN: ....

....

....

....

....

SO WAR MEIN PFERD HEUTE GELAUNT

....

SO WAR ICH HEUTE GELAUNT

....

GESAMTBEWERTUNG

....

DATUM: .... DAUER: ....

DAS HABE ICH TRAINIERT: ....

....

....

DAS KANN ICH NÄCHSTES MAL BESSER MACHEN: ....

....

....

DAS HAT MEIN TRAINER GESAGT: ....

....

....

NOTIZEN: ....

....

....

....

....

SO WAR MEIN PFERD HEUTE GELAUNT

SO WAR ICH HEUTE GELAUNT

GESAMTBEWERTUNG

DATUM: .... DAUER: ....

DAS HABE ICH TRAINIERT: ....
....
....

DAS KANN ICH NÄCHSTES MAL BESSER MACHEN: ....
....
....

DAS HAT MEIN TRAINER GESAGT: ....
....
....

NOTIZEN: ....
....
....
....
....

SO WAR MEIN PFERD HEUTE GELAUNT
....

SO WAR ICH HEUTE GELAUNT
....

GESAMTBEWERTUNG

....

DATUM: .... DAUER: ....

DAS HABE ICH TRAINIERT: ....

....

....

DAS KANN ICH NÄCHSTES MAL BESSER MACHEN: ....

....

....

DAS HAT MEIN TRAINER GESAGT: ....

....

....

NOTIZEN: ....

....

....

....

....

SO WAR MEIN PFERD HEUTE GELAUNT

....

SO WAR ICH HEUTE GELAUNT

....

GESAMTBEWERTUNG

....

DATUM: .... DAUER: ....

DAS HABE ICH TRAINIERT: ....
....
....

DAS KANN ICH NÄCHSTES MAL BESSER MACHEN: ....
....
....

DAS HAT MEIN TRAINER GESAGT: ....
....
....

NOTIZEN: ....
....
....
....
....

SO WAR MEIN PFERD HEUTE GELAUNT
....
SO WAR ICH HEUTE GELAUNT
....
GESAMTBEWERTUNG

....

DATUM: .... DAUER: ....

DAS HABE ICH TRAINIERT: ....

....

....

DAS KANN ICH NÄCHSTES MAL BESSER MACHEN: ....

....

....

DAS HAT MEIN TRAINER GESAGT: ....

....

....

NOTIZEN: ....

....

....

....

....

SO WAR MEIN PFERD HEUTE GELAUNT

....

SO WAR ICH HEUTE GELAUNT

....

GESAMTBEWERTUNG

....

DATUM: .... DAUER: ....

DAS HABE ICH TRAINIERT: ....
....
....
....

DAS KANN ICH NÄCHSTES MAL BESSER MACHEN: ....
....
....
....

DAS HAT MEIN TRAINER GESAGT: ....
....
....
....

NOTIZEN: ....
....
....
....
....
....

SO WAR MEIN PFERD HEUTE GELAUNT
....
SO WAR ICH HEUTE GELAUNT
....
GESAMTBEWERTUNG
....

DATUM: .... DAUER: ....

DAS HABE ICH TRAINIERT: ....

....

....

DAS KANN ICH NÄCHSTES MAL BESSER MACHEN: ....

....

....

DAS HAT MEIN TRAINER GESAGT: ....

....

....

NOTIZEN: ....

....

....

....

....

SO WAR MEIN PFERD HEUTE GELAUNT

....

SO WAR ICH HEUTE GELAUNT

....

GESAMTBEWERTUNG

....

DATUM: DAUER:

DAS HABE ICH TRAINIERT:

DAS KANN ICH NÄCHSTES MAL BESSER MACHEN:

DAS HAT MEIN TRAINER GESAGT:

NOTIZEN:

SO WAR MEIN PFERD HEUTE GELAUNT

SO WAR ICH HEUTE GELAUNT

GESAMTBEWERTUNG

DATUM: DAUER:

DAS HABE ICH TRAINIERT:

DAS KANN ICH NÄCHSTES MAL BESSER MACHEN:

DAS HAT MEIN TRAINER GESAGT:

NOTIZEN:

SO WAR MEIN PFERD HEUTE GELAUNT

SO WAR ICH HEUTE GELAUNT

GESAMTBEWERTUNG

DATUM: .... DAUER: ....

DAS HABE ICH TRAINIERT: ....

....

....

DAS KANN ICH NÄCHSTES MAL BESSER MACHEN: ....

....

....

DAS HAT MEIN TRAINER GESAGT: ....

....

....

NOTIZEN: ....

....

....

....

....

....

SO WAR MEIN PFERD HEUTE GELAUNT
....

SO WAR ICH HEUTE GELAUNT
....

GESAMTBEWERTUNG

....

DATUM: .... DAUER: ....

DAS HABE ICH TRAINIERT: ....

....

....

DAS KANN ICH NÄCHSTES MAL BESSER MACHEN: ....

....

....

DAS HAT MEIN TRAINER GESAGT: ....

....

....

NOTIZEN: ....

....

....

....

....

SO WAR MEIN PFERD HEUTE GELAUNT

....

SO WAR ICH HEUTE GELAUNT

....

GESAMTBEWERTUNG

....

DATUM: .... DAUER: ....

DAS HABE ICH TRAINIERT: ....

....

....

DAS KANN ICH NÄCHSTES MAL BESSER MACHEN: ....

....

....

DAS HAT MEIN TRAINER GESAGT: ....

....

....

NOTIZEN: ....

....

....

....

....

SO WAR MEIN PFERD HEUTE GELAUNT

....

SO WAR ICH HEUTE GELAUNT

....

GESAMTBEWERTUNG

....

DATUM: DAUER:

DAS HABE ICH TRAINIERT:

DAS KANN ICH NÄCHSTES MAL BESSER MACHEN:

DAS HAT MEIN TRAINER GESAGT:

NOTIZEN:

SO WAR MEIN PFERD HEUTE GELAUNT

SO WAR ICH HEUTE GELAUNT

GESAMTBEWERTUNG